생각을 여는

처음탄탄 한국사

07

개항기

생각을 여는

처음탄탄
한국사

07
개항기

김현숙 글 │ 곽진영 그림

스푼북

차례

01

경복궁을 다시
지었다고?

"아빠는 언제쯤 돌아오실까요?"

"임진왜란 때 불탄 궁궐을 다시 짓는 거라 시간이 많이 걸릴 것 같구나."

길선이는 궁궐을 지으러 한양에 가신 아버지가 걱정됐어. 빨리 공사가 끝나서 아버지가 집으로 돌아오셨으면 좋겠다고 생각했지.

길선이 아버지가 짓고 있는 궁궐은 어떤 궁궐일까?

：
：

　　1863년 조선의 제25대 왕 철종이 젊은 나이에 세상을 떠나자 왕족인 흥선군 이하응의 둘째 아들이 왕이 되었어. 바로 고종이야. 왕위에 오를 당시 고종의 나이는 고작 12살이었어. 그래서 왕실의 어른인 대왕대비가 수렴청정했지. 수렴청정은 조선 시대에 왕이 어린 나이로 즉위했을 때, 왕의 어머니나 할머니 같은 왕실의 여자 어른이 왕을 도와 나랏일을 돌보는 것을 말해.

　　대왕대비는 고종이 15세가 될 때까지 수렴청정했어. 이후 고종은 22세가 될 때까지 아버지 흥선 대원군*의 도움을 받으며 나라를 다스렸어. 흥선 대원군은 고종을 도와 여러 정책을 펼쳤어. 먼저 대표적인 세도 가문인 안동 김씨의 세력을 억누르고 임진왜란 이래로 줄곧 나랏일을 담당하던 비변사를 없앴지. 비변사는 전쟁처럼 군사적으로 중요한 일이 생겼을 때 신하들이 모여 회의하던 임시 기구야. 하지만 임진왜란 이후 점점 그 역할이 커져 조선 후기에는 의정부를 대신해 나라의 중요한 일을 정하는 최고 기구의 역할을 했지. 세도

대원군
조선 시대에 왕에게 자손이나 형제가 없어 왕족 가문 중 한 사람이 왕위를 이어받았을 때, 새 왕의 친아버지를 이르는 말이야.

가문은 이 비변사를 장악해 나랏일을 쥐락펴락하고 있었던 거야. 흥선 대원군은 세도 가문의 세력을 약하게 만든 뒤 부패한 관리를 내쫓고 능력에 따라 인재를 등용했어.

또 흥선 대원군은 삼정의 문란을 바로 잡아 백성의 삶을 안정시키려 했어. 삼정이란 전정, 군정, 환곡을 합쳐서 부르는 말이야. 삼정은 조선 후기 백성들이 부담했던 가장 대표적인 세금이자 국가 재정의 주요 수입이었어. 전정은 농사짓는 땅에 매기는 세금이고, 군정은 군대에 가지 않는 대신 나라에 바치는 세금이야. 삼베나 무명을 군포로 내야 했어. 환곡은 관청에서 농민들에게 곡식을 빌려주고 가을에 이자를 붙여서 받는 제도지. 하지만 세도 정치가 한창이던 시기에 뇌물을 바치고 관리가 된 사람들이 백성들에게 무거운 세금을 매겼지. 이 때문에 백성의 삶은 갈수록 힘들어졌고, 참다못한 사람들이 곳곳에서 무기를 들고 일어나기도 했어.

흥선 대원군은 자신의 이익만 생

▲ 흥선 대원군
흥선 대원군은 고종이 즉위한 뒤 임금의 아버지로서 나라를 다스렸어. 세도 정치를 뿌리 뽑고 여러 정책을 펼쳐 백성의 삶을 안정시키려 했지.

각하는 탐관오리를 벌하고 토지 조사를 통해 땅의 실제 주인을 파악했어. 땅을 가진 양반이나 대지주들이 세금을 피하려고 일부 땅을 빼돌리거나 원래 면적보다 훨씬 줄여서 신고하곤 했거든. 흥선 대원군은 이들이 불법으로 숨겨 둔 땅을 찾아내어 다시 세금을 매겼지.

군포에 대한 부담도 줄여 주었어. 흥선 대원군은 평민만 내던 군포를 양반을 포함해 모든 가구마다 동등하게 부과하는 호포제로 바꾸었어. 호포제로 농민의 부담이 줄고 국가 재정에 여유가 생겼어. 하지만 군포를 물게 된 양반들은 흥선 대원군에게 크게 반발했단다.

환곡도 철저하게 관리했어. 욕심 많은 지방관들은 환곡을 돈벌이 수단으로 삼았어. 곡식에 겨나 모래를 섞어서 빌려주거나 여러 가지 핑계를 붙여 높은 이자를 받아 챙겼지. 흥선 대원군은 지방관이 운영하던 환곡 대신 마을 단위로 공동 운영하는 사창제를 실시했어. 지방관 대신 각 고을에서 존경 받는 양반을 뽑아 사창을 관리하게 했지.

이 밖에도 나라의 재정을 튼튼히 하기 위해 서원을 없앴어. 그동안 서원은 땅이나 노비를 거느리고 있어도 세금을 내지 않았어. 그런데 이런 특별 대우를 받으면서도 제사를 지낸다는 핑계로 백성들에게 돈과 물품을 마구잡이로 걷어 가곤 했지. 서원의 행패가 심각해지자 흥선 대원군은 전국에 47개의 서원만 남기고 나머지는 없애 버렸어.

흥선 대원군은 백성의 삶을 안정시키는 한편, 무너진 왕실의 위엄을 되살리기 위해 경복궁을 새로 짓기로 했어. 경복궁은 조선 초기 임금이 머무는 으뜸 궁궐이었지만 임진왜란 때 잿더미가 되었어. 이후 임금들은 경복궁을 다시 짓는 대신 창덕궁 같은 다른 궁궐에 머물며 나랏일을 돌봤지. 그런데 흥선 대원군이 경복궁을 다시 짓기로 한 거야. 길선이의 아버지는 이 경복궁 공사에 동원되어 궁궐을 짓고 있었던 거지.

하지만 나라 살림은 여전히 어려웠고 공사에는 돈이 어마어마하게 들었어. 그래서 흥선 대원군은 원납전이라는 이름으로 강제로 기부금을 걷고 한양 사대문을 지나는 백성에게 통행료를 받았어. 그렇지만 이걸로도 공사 비용을 다 댈 수 없었지.

공사비를 마련하기 위해 흥선 대원군은 당백전이라는 고액 화폐를 발행했어. 당백전은 상평통보의 100배 가치를 가진 돈이었지. 하지만 당백전처럼 높은 가치를 가진 돈이 시장에 많아지면 돈의 가치는 떨어지고 물건값이 오르게 돼. 상품의 공급에는 변화가 없는데 화폐만 늘어난

◀ 당백전

것이니 말이야. 그래서 같은 물건을 이전보다 더 많은 돈을 주고 사야 하지. 당백전이 유통된 기간은 반년 정도였지만 물가가 엄청나게 올라 백성들의 생활은 어려워질 수밖에 없었어. 그 결과 많은 백성들이 흥선 대원군을 원망하게 되었단다.

▼ 경복궁 근정전
오늘날 우리가 보는 경복궁은 고종 때 흥선 대원군이 다시 지은 거야. 흥선 대원군은 경복궁 재건을 밀어붙여 3년 4개월 만에 공사를 끝냈지.

경복궁 공사를 풍자한 민요가 있다고?

민요 〈경복궁 타령〉은 흥선 대원군이 경복궁을 다시 지을 때 불리기 시작했다고 해. 흥선 대원군은 세도 정치로 추락한 왕실의 권위를 세우기 위해 경복궁을 다시 지었어. 하지만 경복궁을 짓는 데는 어마어마한 비용과 노동력이 들었단다. 이 때문에 나라 곳간은 텅텅 비었고 백성의 원망은 높아졌지.

〈경복궁 타령〉 노랫말에는 당시 고된 노동과 무거운 세금으로 끙끙 앓던 백성의 고달픔과 흥선 대원군을 향한 풍자가 잘 드러나 있어.

우리나라 좋은 나무는 경복궁 중건에 다 들어간다
근정전을 드높게 짓고 만조백관이 조하를 드리네
석수장이 거동을 봐라 망망칠 들고서 눈만 끔벅한다
경복궁 역사가 언제나 끝나 그리던 가속을 만나나 볼까

(후렴) 에- 에헤이 에-이야- 얼럴럴거리고 방아로다

-〈경복궁 타령〉 중에서-

척화비에는 뭐라고
적혀 있었을까?

"이거 봐 봐! 마을에 새로 비석이 세워졌어!"

"여기에 글자가 새겨져 있는데? 무슨 뜻인지 훈장님께 여쭤보자."

철호와 순범이는 서당 가는 길에 막 세워진 비석을 발견했어. 비석에는 짤막하지만 엄중한 경고의 뜻이 담긴 문장이 새겨져 있었지.

새겨진 문장은 무슨 의미였을까?

⋮

1800년대 중반쯤 한반도를 둘러싼 주변 지역에 커다란 사건이 일어났어. 1860년에 영국과 프랑스 연합군이 청나라의 수도 베이징을 점령한 거야. 이 소식을 들은 조선 사람들은 깜짝 놀랐어. 조선은 청나라를 쓰러뜨린 서양 세력을 바짝 경계했어. 게다가 서양에서 들어온 천주교는 조상에 대한 제사를 금지했기 때문에 서양을 보는 조선 사람들의 눈길은 곱지 않았단다.

그래서 조선은 서양 세력을 향해 철저하게 문을 걸어 잠갔어. 이때 영국과 프랑스, 미국 등 서양 강대국은 여러 나라에 통상 수교*를 요구했어. 하지만 서양이 요구하

통상 수교
나라들 사이에 외교 관계를 맺고 서로 교역하는 것을 뜻해.

▼ 원명원
베이징을 점령한 영국과 프랑스 연합군은 청나라 황실의 정원이자 보물 창고였던 원명원을 약탈하고 파괴했어.

는 통상 수교는 자기들 나라에만 일방적으로 유리한 거였지. 조선은 서양 세력의 압박에도 꿋꿋이 통상 수교를 거부했어.

그러자 서양 세력은 강력한 무기를 앞세워 조선을 침략했어. 대표적인 나라가 프랑스와 미국이야. 먼저 조선을 공격한 나라는 프랑스였어. 1866년, 조선에서 프랑스인 신부 9명을 포함한 수많은 천주교도를 처형한 일이 있었어. 프랑스는 이 사건을 트집 잡아 군함을 이끌고 쳐들어오는 '병인양요'를 일으켰어.

프랑스군은 강화도로 와서 조선이 프랑스인 신부들을 죽였으니 이런 일을 벌인 사람을 처벌하고 나라의 항구를 열라고 요구했어. 하지만 조선은 요구를 거절했지. 프랑스는 곧장 강화도를 공격했어. 조선

▲ 강화도를 공격하는 프랑스 함대

병사들은 용감히 맞서 싸웠지만 최신식 총과 대포로 무장한 프랑스군에 패했지.

강화도를 점령한 프랑스군은 강화도 남쪽 정족산성으로 향했어. 하지만 정족산성에 도착했을 때, 이미 조선군은 숨어서 프랑스군이 오기만을 기다리고 있었어. 조선군은 프랑스군이 도착하자 사방에서 매섭게 공격을 퍼부었지. 정족산성에서 패배한 프랑스군은 급히 강화도에서 철수했어. 하지만 프랑스군은 물러나면서 강화도 외규장각*에 불을 지르고 그 안에 보관되어 있던 귀중한 국가유산과 책을 빼앗아 갔단다.

외규장각
규장각은 정조가 왕실과 관계 있는 책을 보관하기 위해 창덕궁에 설치한 도서관이야. 그 후에 강화도에도 규장각을 설치하고 외규장각이라고 불렀지.

5년 뒤인 1871년, 이번에는 미국이 함대를 이끌고 강화도를 공격했어. 이 사건을 '신미양요'라고 해. 미국은 몇 년 전 일어난 제너럴셔먼호 사건을 핑계로 쳐들어왔어. 병인양요가 일어났던 해, 미국의 무역선 제너럴셔먼호가 교역을 요구하며 대동강을 따라 평양까지 올라온 일이 있었어. 이때 제너럴셔먼호 선원들은 물건을 훔치고 백성에게 행패를 부리며 피해를 주었지. 그러자 평안도 관찰사 박규수가 배를 불태우고 이들을 물리쳤어. 미국은 이 제너럴셔먼호 사건의 배상과 통상 수교를 요구하며 조선을 공격한 거야.

조선군은 이번에도 강화도에서 미국 군함과 맞붙었어. 미군은 강화도에 상륙해 강화도의 주요 진지를 점령했지. 이에 어재연 장군이 이끌던 조선군은 광성보에서 목숨을 걸고 싸웠어. 하지만 구식 무기로는 미군을 제대로 상대할 수 없었어. 결국 어재연 장군을 포함한 많은 조선군이 목숨을 잃었지. 그런데도 조선은 끈질기게 버티며 미국과의 통상 수교를 거부했어. 조선의 단호함에 미군도 어쩔 수 없이 군대를 물렸단다.

프랑스와 미국을 물리친 후 흥선 대원군은 서양 세력에 대해 자신감이 생겼어. 그리고 서양과는 절대로 관계를 맺지 않겠다고 결심했지. 흥선 대원군은 나라의 문을 꼭꼭 걸어 잠그는 '통상 수교 거부 정

▼ 강화도 광성보
신미양요 때 조선군과 미군이 이곳에서 맞붙었어.

▲ 어재연 장군의 깃발을 빼앗은 미군

책'을 본격적으로 펼쳤어. 서양을 못마땅하게 여겼던 많은 양반들이 흥선 대원군과 뜻을 함께했지. 흥선 대원군은 그런 자신의 뜻을 새긴 비석을 여러 곳에 세워 백성들이 보도록 했어. 바로 철호와 순범이가 마을 앞에서 보았던 비석, 척화비야. 척화비에는 이렇게 적혀 있었어.

> 서양 오랑캐가 쳐들어오는데 싸우지 않는 것은 화해하여 친하게 지내자는 것이오, 그들과 화해하고 친하게 지내자고 주장하는 것은 나라를 파는 일이다.

그렇지만 흥선 대원군의 생각과 달리 한반도 주변 나라들은 서양 세력과 마주해 조선과는 다른 길을 걷기 시작했어. 이들은 서양에 항구를 열고 서양의 제도와 과학 기술을 받아들였지. 흥선 대원군의 선택은 이후 조선의 역사에 큰 영향을 끼쳤단다.

▲ 척화비

외국에 빼앗긴 조선의 국가유산

조선은 프랑스와 미국의 침략을 막아 냈지만 엄청난 손해를 보았어. 병인양요 때는 프랑스군이 외규장각을 약탈하고 파괴했지. 외규장각은 왕실 도서관으로 수많은 책과 국가유산이 보관되어 있었어. 프랑스군은 이곳에 불을 지르고 의궤* 297권을 빼앗아 가져가 버렸지. 나머지 책은 프랑스군이 지른 불에 전부 잿더미가 되었단다.

> **의궤**
> 나라에서 큰일을 치를 때 그 과정을 처음부터 끝까지 글과 그림으로 상세하게 기록한 책이야.

미국은 프랑스처럼 국가유산을 훔쳐 가지는 않았어. 하지만 광성보 전투 때 '장수 수(帥)' 글자가 새겨진 어재연 장군의 깃발을 전리품으로 챙겨 갔지.

미국이 가져간 어재연 장군의 깃발은 오랫동안 미국 해군 사관 학교 박물관에 보관되어 있다가 2007년에 우리나라로 돌아왔어. 하지만 완전히 돌아온 건 아니야. 몇 년 단위로 우리나라가 미국에 빌리는 형식으로 가져온 것이거든. 지금은 미국의 요청으로 다시 반납한 상태지.

프랑스가 가져간 외규장각 의궤는 이보다 조금 뒤인 2011년에 정해진 기간 없이 빌려주는 형태로 돌려받았어. '빌린 것'이라는 말은 외교상의 표현으로 우리나라로 완전히 돌아온 거라 여겨도 될 것 같아.

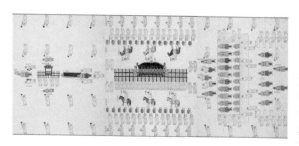

◀ 《효종국장도감의궤》
효종의 장례 과정을 기록한 의궤야. 외규장각에 보관되었던 의궤로, 프랑스로부터 돌려받은 것 중 하나지.

03

일본 군함이 강화도에
나타난 이유는?

"우리 군의 경고에도 불구하고 저 배가 계속 접근하고 있습니다!"

"대포를 발사하라."

강화도 초지진을 지키던 창대는 명령에 따라 포를 발사했어.

강화도 앞바다에 나타난 배는 어느 나라의 배일까? 이후 조선에는 어떤 일이 일어났을까?

1875년 9월, 강화도 앞바다에 낯선 군함 한 척이 나타났어. 이 배는 운요호라는 일본 배였지. 강화도를 지키던 창대와 동료들은 경고를 무시하고 가까이 다가오는 운요호를 향해 대포를 쏘았어. 하지만 조선 수비대가 쏜 대포는 운요호에 별 피해를 주지 못했지.

이때 운요호가 강화도 초지진을 향해 포탄을 발사했어. 그러고는 강화도 남쪽 영종진(영종도)에 상륙해 조선 군인을 죽이고 일부를 포로로 잡아갔지. 이 사건이 '운요호 사건'이야.

운요호 사건이 터지고 몇 달 뒤인 1876년, 일본은 여러 척의 군함

◀ 운요호

과 병사를 이끌고 강화도 앞바다에 다시 나타났어. 일본은 '작년 조선이 우리 배인 운요호를 먼저 공격했다. 이에 사과하는 뜻으로 우리와 조약을 맺고 항구를 열라'고 요구했지. 그리고 조약을 맺지 않으면 바로 한양을 공격하겠다며 조선을 협박했어. 조선 조정은 어떻게 대응했을까?

운요호 사건이 일어날 즈음, 흥선 대원군이 물러나고 고종이 직접 나라를 다스리고 있었어. 고종은 흥선 대원군이 밀어붙인 통상 수교 거부 정책을 포기했어. 당시 신하 중에 조선도 나라의 문을 활짝 열고 외국의 제도와 과학 기술을 받아들여야 한다고 주장한 사람들이 있었거든. 이들은 통상 수교 거부 정책을 고집하는 신하들과 팽팽하게 맞섰어. 고민을 거듭한 끝에 고종은 일본의 요구를 받아들이기로 했어. 그래서 강화도로 신하들을 보내 일본과 협상을 벌였지.

1876년 2월, 협상 끝에 조선은 일본과 '조일 수호 조규'라는 조약을 맺었어. 이 조약은 강화도에서 맺었다고 해서 흔히 강화도 조약이라 불리지. 강화도 조약은 조선이 외국과 맺은 최초의 근대적 조약이야. 하지만 강화도 조약은 조선에 몹시 불리한 조약이기도 했어.

강화도 조약의 제1관에서 일본은 조선을 어느 나라에도 얽매이지 않은 자주국이라고 못 박았어. 얼핏 보면 일본이 조선을 자주* 국가로 대우해 주는 것 같지? 하지만 여기에는 조선과 청나라의 관계를 끊어 버리려는 일본의 속셈이 깔려 있었지. 조선과 일본의 조약에 청나라가 관여할 수 없도록 한 거야. 제7관에서 일본인이 조선 해안을 측량할 수 있도록 허가해 준 것도 문제였어. 일본인이 측량을 핑계로 마음대로 조선에 배를 타고 와도 막을 수 없고, 조선 국토에 대한 정보를 언제든 캐 갈 수 있다는 이야기였으니까. 제10관 역시 불공평한 조항이었어. 일본인이 조선에서 범죄를 저질러도 조선이 처벌할 수 없다는 뜻이거든. 이걸 '치외 법권'이라고 해.

자주
남의 도움이나 간섭 없이 스스로 주인이 되어 자기의 일을 하는 걸 가리켜.

조선은 강화도 조약을 체결한 이후 서양 여러 나라와도 조약을 맺었어. 1882년에는 미국과 '조미 수호 통상 조약'을 맺었고, 이어서 영국, 독일, 러시아, 프랑스 등 여러 나라와 통상 조약을 맺고 개항했지. 그런데 이 조약들 역시 강화도 조약처럼 조선에 불리한 불평등 조약이었단다.

강화도 조약의 주요 조항

제1관

조선은 자주국이며 일본과 평등한 권리를 갖는다.

제5관

부산을 포함한 조선의 세 항구를 개항하고 일본인이 장사하는 것을 허용한다.

제7관

일본인이 조선의 해안을 마음대로 측량할 수 있도록 한다.

제10관

조선 항구에서 일본인이 조선인과 관련된 죄를 지으면 일본 관리가 판결하도록 한다.

중국과 일본은 어떻게 개항했을까?

조선이 일본과 강화도 조약을 맺고 항구를 연 것처럼 청나라와 일본도 서양에 나라의 문을 열었어.

청나라가 개항하게 된 이유는 바로 아편 때문이었어. 청나라와 교역하던 영국은 무역 적자 때문에 불만이 많았어. 청나라의 차와 도자기는 영국에서 폭발적인 인기를 얻었지만 영국의 면직물은 청나라에서 인기가 없었거든. 그래서 영국은 무역으로 돈을 벌어들이기는커녕 손해만 보았지. 영국은 적자를 메꾸기 위해 중독성이 강한 마약인 아편을 청나라에 팔았어.

아편에 중독된 사람이 늘자 청나라는 관리를 보내 아편을 몽땅 빼앗아 없애 버렸

▲ 청나라와 영국 사이에 일어난 아편 전쟁

어. 영국은 이를 핑계로 군대를 이끌고 청나라를 공격했지. 이 사건이 바로 '아편 전쟁'이야.

아편 전쟁은 영국의 승리로 끝났어. 이 전쟁의 결과로 청나라는 영국과 '난징 조약'을 맺으며 홍콩을 넘겨주고 강제로 항구 다섯 군데를 열었지. 막대한 배상금도 물어야 했어. 이후 청나라는 여러 서양 국가들의 침입을 받았고, 이들과 몹시 불리한 조건으로 조약을 맺게 되었어.

1853년 일본은 미국 때문에 나라의 문을 열어야 했어. 당시 일본은 조선처럼 외국과의 통상 수교를 거부하고 있었지. 그런데 미국이 함대를 이끌고 와서는 다짜고짜 개항하라고 요구해 왔어. 미국은 자신들의 요구를 들어주지 않으면 에도(일본 도쿄)를 공격하겠다며 일본을 위협했지. 고심 끝에 일본은 미국과 '미일 화친 조약'을 맺었어. 영국과 러시아를 비롯한 다른 서양 세력도 일본에 달려들어 개항을 요구했지. 일본은 이들의 요구를 모두 들어줄 수밖에 없었어.

1867년 일본에 국왕 중심의 정권이 세워지고 곧 서구식 근대화를 위한 개혁을 추진했어. 이때의 변화를 당시 일본의 연호를 따서 '메이지 유신'이라고 해. 일본은 사절단과 유학생을 유럽과 미국으로 보내 서양의 발전된 모습을 배워 오도록 했어. 일본은 서양을 모방해 헌법과 통치 제도를 만들고, 옷과 머리 모양까지 몽땅 서양식으로 바꾸었어. 곳곳에 학교와 공장을 세우며 다방면으로 근대화를 추진했단다.

▲ 메이지 유신 이후 외국에 파견된 이와쿠라 사절단

세계 여러 나라에
사절단을 보냈다고?

"내일 배를 타시려면 오늘은 이만 푹 쉬시는 것이 좋겠습니다."

"알겠네, 처음 일본에 가려니 조금 긴장되는군."

일본어 통역관 현상이는 자신이 모시는 어르신의 건강이 걱정되었어.

배를 타고 일본을 오가는 길이 쉽지 않았기 때문이야.

이 사람들은 누구일까? 이들이 일본에 가려는 이유는 무엇일까?

강화도 조약 이후 조선은 개항과 함께 서양의 제도와 과학 기술을 받아들이게 되었어. 고종은 조선보다 앞서 서양 문물을 받아들인 일본에 수신사라는 사절단을 파견했어. 현상이가 모시는 어르신도 수신사 일행 중 한 명이었단다.

수신사들은 20일 정도 도쿄에 머물며 일왕과 이토 히로부미 등 일본의 주요 관리들과 만나 이야기를 나누었어. 그리고 도쿄 거리와 각종 시설을 둘러보며 발전된 모습을 눈으로 익혔지.

조선에서 온
사절단이네.

◀ 보빙사(답례 사절단)
보빙사는 조미 수호 통상 조약을 맺은 뒤 조선이 미국에 보낸 사절단이야.

고종은 수신사 말고도 다양한 사절단을 여러 나라에 보냈어. 청나라에는 영선사를 보내 청나라의 무기 제조 기술과 군사 제도를 배워 오게 했어. 미국에는 보빙사(답례 사절단)를 보내 미국을 둘러보고 오라 일렀지. 유학생도 적극적으로 보냈어.

임무를 마친 사절단은 고종에게 서양의 발전된 모습을 보고했어. 그리고 서양 여러 나라의 앞선 문물을 받아들여 조선을 바꾸어야 한다고 이야기했지. 고종과 신하들은 이들의 말에 고개를 끄덕였어. 그래서 변화하는 나라 안팎의 정세를 살피고 개화 정책을 펼칠 기구를 만들었어. 그리고 개화파를 이곳으로 불러들여 조선을 바꿔 보고자 했지.

조정에서는 군사력을 키우기 위해 신식 군대인 별기군을 만들었어.

별기군은 신식 군복을 입고 일본인 교관의 훈련을 받았지. 영선사로 청나라에 다녀온 기술자들은 무기 제조 기술을 배워 와 신식 무기를 만들어 냈어. 신문, 잡지를 만드는 관아에서는 우리나라 최초의 근대 신문인 〈한성순보〉를 발행했지.

고종이 이렇게 적극적으로 개화 정책을 펼칠 수 있었던 이유는 무엇이었을까? 바로 이 시기에 개화파가 나타났기 때문이야. 개화파는 서양의 문물을 받아들여 조선을 근대화해야 한다고 생각한 사람들이지. 통역관 출신의 오경석, 박지원의 손자인 박규수, 의원 출신인 유홍기 등에게 근대 문물을 배운 사람들이야. 개화파의 스승 중 대표적인 인물인 박규수는 조선이 발전하려면 나라의 문을 열고 앞선 제도

▲ 별기군

▲ 〈한성순보〉
우리나라 최초의 근대 신문이야. 외국의 새로운 문물과 지식을 조선에 소개하는 역할을 했어.

와 과학 기술을 배워야 한다고 생각했어. 김옥균, 박영효, 홍영식 등

젊은 인재들은 박규수의 집을 드나들며 개화 사상을 배워 나갔단다.

일본에 파견된 조사 시찰단

1881년, 고종은 어윤중을 비롯한 12명을 동래부(부산) 암행어사로 임명했어. 이들은 동래에 모여 왕의 명령이 담긴 편지를 읽다가 깜짝 놀랐어. 고종이 이들에게 몰래 일본으로 가라고 명령했기 때문이야. 얼마 후 이들은 일본으로 가는 배에 몸을 실었어. 그리고 74일간 일본에 머물며 일본 곳곳을 살피고 돌아왔지. 이렇게 돌아온 시찰단은 일본의 발전된 모습을 100여 권의 보고서로 정리했어. 이때 일본에 간 사람들은 비공식적으로 움직였기 때문에 수신사나 영선사처럼 이들을 가리키는 정식 명칭이 없어. 그래서 흔히 '신사 유람단'이라 불렸어. 오늘날에는 '조사 시찰단'이라 부르지.

▲ 유길준
대표적인 개화파 인물로, 1881년 조사 시찰단의 수행원 자격으로 일본에 갔어. 이후 일본에 머물며 조선 최초의 일본 유학생이 되었지.

유생
유학을 공부하는 선비를 가리켜.

고종은 왜 은밀히 조사 시찰단을 일본에 보냈던 걸까? 이때 조선에서는 수많은 유생이 개화 정책을 거세게 반대하며 집단으로 상소 운동을 벌이고 있었어. 그래서 유생들과의 충돌을 피하기 위해 일본에 시찰단을 몰래 보낼 수밖에 없었던 거야.

05

만 명이 넘는 유생이 뜻을 모아
상소를 올린 이유는?

"어머, 저 둘둘 말려 있는 게 다 상소문이야?"

"영남 지역의 수많은 유생이 써서 올린 거라지 뭐니."

태화는 동료 궁녀와 함께 유생들이 올렸다는 상소문을 보며 이야기를
나눴어. 커다란 두루마리 상소문을 보니 입이 떡 벌어졌지.

유생들은 왜 상소를 올린 걸까? 유생들이 올린 상소는 어떤 내용이었
을까?

：
　 ：

　　강화도 조약이 맺어질 당시, 유학자 최익현은 조약을 결사반대하는 상소를 올렸어. 이때 최익현은 상소문을 올리면서 도끼를 들고 경복궁의 정문인 광화문 앞에 엎드렸어. 조약에 반대하는 자신의 의지를 나타낸 것이었지.

　　"땅에서 나는 조선의 물건과 공장에서 만드는 일본의 물건을 교역하면 조선은 큰 피해를 볼 것입니다. 또한 일본과 교류하면 서양의 학문이 들어와 온 나라에 퍼져 우리의 풍속을 해칠 수 있습니다."

　　하지만 최익현의 상소는 받아들여지지 않았어. 그는 흑산도로 유배를 갔어. 그 후 조선은 일본과 강화도 조약을 맺었지.

　　강화도 조약으로 나라의 문이 열리고 서양 문물을 받아들이는 개화 정책이 시작되었어. 하지만 유생 대

▲ 최익현
조선 말기의 문신이자 학자로 개화 정책을 강하게 비판했어.

부분은 통상 수교 거부 정책을 포기하고 외국에 문을 연 이 상황이 몹시 못마땅했지. 그래서 어떻게든 개항을 막으려 했단다. 많은 양반과 유생들은 유학, 즉 성리학을 바른 것으로 지키고 사악한 서양의 문물은 물리쳐야 한다고 보았어. 이 생각이 바로 '위정척사'야.

1881년, 영남 지방에서 만 명이 넘는 유생들이 일제히 개화에 반대하는 상소를 올렸어. 이것을 만 명의 사람이 올린 상소라는 의미로 '만인소'라고 해. 유생들이 무리 지어 상소를 올린 이유는 청나라 관리가 쓴 《조선책략》이라는 책 때문이었어. 이 책에는 '남쪽으로 내려오는 러시아로부터 조선을 지키려면 청나라와 일본, 미국과 손을 잡아야 한다'는 주장이 담겨 있었지. 책의 내용이 알려지자 유생들은 거세게 반발했어. 영남 유생들뿐 아니라 전국 각지에서 상소가 빗발쳤어. 이들은 《조선책략》을 사악한 책이라 비판하며 불태워야 한다고 주장했지. 하지만 고종은 집

단 상소에 앞장선 유생들을 처벌하고 1882년 미국과 조약을 맺었어. 그러자 이를 계기로 위정척사 운동은 전국으로 퍼졌고, 갈등 역시 커졌지.

개화파와 위정척사파의 갈등은 구식 군인들이 1882년에 일으킨 폭동으로 폭발했어. 이를 '임오군란'이라고 해.

구식 군인들은 신식 군대인 별기군과 달리 푸대접을 받았어. 별기군은 신식 군복과 무기를 갖췄지만 구식 군대의 군복과 무기는 형편없었어. 게다가 1년 넘게 월급을 받지 못했지. 그러다 밀린 월급을 겨우 받았는데, 월급으로 나온 쌀에 모래와 겨 등 먹지 못할 것들이 잔뜩 섞여 있었어. 분노가 폭발한 구식 군인들은 무기를 들고 일어났지. 여기에 개화 정책으로 불만을 품은

백성들도 함께 참여했어.

　이들은 부정부패를 일삼던 탐관오리와 개화파 관리의 집을 습격했어. 또 별기군의 훈련을 맡은 일본인 교관을 죽이고 일본 공사관*을 공격했지. 심지어는 궁궐로 쳐들어가 왕비를 끌어내리려고 했어. 부패한 관리들

공사관
나라를 대표해 외교 업무를 하는 공사가 파견된 나라에서 사무를 보는 곳으로 오늘날의 대사관과 같아.

대부분이 왕비 민씨의 친척들이거나 관련된 사람들이었거든.

　상황이 심각해지자 고종은 흥선 대원군에게 도움을 요청했어. 흥선 대원군은 다시 권력을 쥐게 되었지. 하지만 흥선 대원군은 얼마 되지 않아 물러나야 했어. 왕비 민씨의 요청을 받은 청나라가 조선에 군대를 보내 폭동을 진압했거든. 청나라는 흥선 대원군이 권력을 다시 잡기 위해 구식 군인들을 부추겼다며 청나라로 끌고 갔단다.

　그런데 그 후에 청나라는 군대를 철수시키지 않고 나랏일에 이래라저래라 끼어들었어. 일본도 가만있지 않았지. 임오군란으로 일본인 교관이 죽임을 당하고 일본 공사관이 불에 타 버렸으니 이를 배상하라고 조선에 요구한 거야. 그리고 공사관을 지키겠다는 핑

공격하라!

계로 한양에 군대를 두었어. 이로써 한양에는 청나라 군대와 일본 군

대가 함께 머물게 되었지.

100미터가 넘는 길이의 상소문이 있었다고?

조선은 왕이 다스리는 나라였지만, 조정이 나라를 잘못 다스리고 있을 경우 신하나 백성이 왕에게 자기 생각을 말할 수 있었어. 바로 상소를 통해서였지. 만인소도 그중 하나야. 만인소는 조선 시대에 1만 명 내외의 유생들이 뜻을 모아서 올린 집단 상소를 말해.

만 명이나 되는 사람들이 쓴 상소이다 보니 만인소는 어마어마하게 길었어. 길이가 100미터가 넘고 무게는 10킬로그램이 넘었다고 해. 조선 시대에 총 7번의 만인소가 있었는데, 정부 정책에 직접 영향을 준 건 개화 정책을 반대한 영남 만인소였단다. 영남 만인소의 내용에 찬성하는 사람들이 훗날 전국적인 위정척사 운동에 뛰어들었지.

현재 원문이 남아 있는 만인소는 두 개야. 만인소는 일반 지식인들이 직접 나서서 나랏일에 대한 의견을 모았다는 점에서 그 가치를 인정받아 2018년 유네스코 세계 기록 유산에 등재되었어.

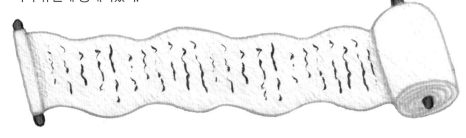

06

한밤중에 우정총국에서
무슨 일이 일어났을까?

"불이야! 불이야!"
"우정총국 근처에서 불이 났대요!"
선화는 사람들이 다급하게 외치는 소리에 잠이 깼어. 아버지께서 오늘 저녁에 우정총국이 문을 여는 걸 축하하는 자리에 가신다고 했는데 근처에서 불이 났다니 걱정이 되었지.
그곳에 무슨 일이 생긴 걸까?

임오군란 이후 고종은 이전처럼 적극적으로 개화 정책을 추진하기 어려웠어. 개화 정책에 대해 불만을 가진 사람들이 많다는 걸 알게 된 데다가 청나라의 간섭이 갈수록 심해졌거든. 무엇보다도 개화 정책을 펼치려면 돈이 많이 드는데 나라의 돈은 거의 바닥나 있었어.

이 무렵 개화파는 나랏일에 사사건건 끼어드는 청나라를 어떻게 볼 건지, 개화는 어떻게 해 나갈지를 놓고 둘로 나뉘었어. 수신사와 영선사였던 김홍집과 김윤식 같은 사람들은 지금처럼 청나라에 의지해 개화 정책을 펼쳐야 한다고 생각했어. 이런 생각을 하는 사람들을 '온건 개화파'라 불러. 반면에 김옥균, 박영효 등 젊은 관리들의 생각은 달랐어. 이들은 청나라의 간섭에서 하루빨리 벗어나 일본처럼 근대적 개혁에 나서야 한다고 주장했어. 이들을 '급진 개화파'라고 하지.

급진 개화파의 바람과 달리 조정은 개화에 소극적이었어. 그래서 급진 개화파는 조정에서 밀려나기까지 했지. 급진 개화파는 조정에 불만을 품었어.

급진 개화파는 청나라와 가까운 왕비 민씨와 이들을 따르는 사람들

▲ 급진 개화파
왼쪽부터 박영효, 서광범, 서재필, 김옥균이야.

을 눈엣가시로 여겼어. 이들은 민씨 세력을 무너뜨려야 자신들이 꿈꾸는 개화 정책을 펼칠 수 있을 거라고 생각했지. 그래서 호시탐탐 때를 노리며 민씨 세력을 칠 준비를 했어. 미리 일본에 도움도 청해 두었지. 조선에 있던 일본 공사는 이 기회에 조선에서 청나라를 밀어낼 수 있겠다고 생각해 요청을 받아들였단다.

때마침 우정총국이 문을 여는 것을 축하하는 잔치가 열렸어. 우정총국은 우리나라 최초의 우편 업무를 담당했던 관청이야. 축하 잔치

▼ 서울 종로구에 위치한 우정총국

에는 나라의 높은 사람들이 참석할 예정이었지. 급진 개화파는 이때를 노려 민씨 세력을 치기로 했단다.

모임 당일, 참석한 사람들은 아무것도 모른 채 잔치를 즐기고 있었어. 그런데 얼마 되지 않아 미리 계획된 대로 주변의 초가집에서 불이 났지. '불이야!' 하는

▲ 민영익

소리에 깜짝 놀란 사람들은 자리를 박차고 급하게 달아났어. 하지만 밖에서 기다리던 급진 개화파가 휘두른 칼날에 온건 개화파이자 왕비 민씨의 친척인 민영익이 크게 다쳤어. 이 사건이 '갑신정변'이야. 선화가 잠결에 들었던 소리는 바로 이때 났던 거지.

정변
반란이나 혁명, 쿠데타 등 비합법적인 방법으로 일어난 정치상의 큰 변화를 가리켜.

급진 개화파는 곧바로 창덕궁으로 가 고종에게 정변*이 일어났다고 사실을 알렸어. 그리고 왕과 왕비를 보호한다는 이유로 고종과 왕비 민씨를 경우궁으로 옮겼지. 그리고 경우궁으로 찾아온 온건 개화파와 민씨 세력을 죽였어. 다음 날 아침, 급진 개화파는 새로운 정부를 선포하고 각 나라의 외교관에게 이 사실을 알렸어.

급진 개화파는 개혁안을 발표했는데 개혁안에는 신분제 폐지, 환

곡 폐지, 흥선 대원군의 귀국과 청나라와의 사대* 관계를 끊을 것 등이 담겨 있었어. 하지만 급진 개화파가 꿈꿨던 개혁은 이루어지지 못했어. 고종

사대
작고 약한 나라가 크고 강한 나라를 섬기는 것을 말해.

의 요청으로 청나라 군대가 한양으로 들어왔거든. 게다가 일본은 급진 개화파와의 약속을 지키지 않았어. 자기들에게 불똥이 튈까 걱정되었던 거지. 결국 갑신정변은 사흘 만에 실패로 끝났어. 갑신정변을 이끌었던 김옥균과 박영효, 서광범, 서재필 등 급진 개화파는 일본과 미국으로 황급히 망명했어. 이로써 민씨 세력은 다시 권력을 잡았고 조선에 대한 청나라의 간섭은 더욱 심해졌단다.

민영익을 치료한 서양인 의사

왕비 민씨의 친척이자 온건 개화파였던 민영익은 갑신정변에서 칼에 찔려 큰 상처를 입었어. 하지만 한 미국인의 도움으로 간신히 목숨을 건질 수 있었지. 민영익을 살린 미국인의 이름은 호러스 뉴턴 알렌이야. 알렌은 미국에서 의과 대학을 졸업한 뒤 선교사로 조선에 왔지.

갑신정변으로 한양이 혼란해지자 대부분의 서양인들은 항구가 있는 인천으로 몸을 피했어. 하지만 알렌은 끝까지 남아 민영익을 치료했지. 알렌은 이 일 덕분에 고종을 만나게 되었어. 고종은 민영익을 살려 준 알렌에게 감사를 표하고 조선에 서양식 병원을 지을 수 있도록 해 주었어. 그렇게 우리나라 최초의 서양식 국립 병원인 광혜원이 세워지게 되었단다.

동학 농민군이
바라던 세상은?

"봉기에 참여한다는 의미로 각자 이름을 쓰도록 하겠습니다."
동이는 아버지와 동네 어른들이 모여서 무엇을 하는지 몰래 훔쳐보았
어. 어른들은 종이 위에 둥근 사발을 엎어 놓고 그 주변에 자기 이름을
쓰고 있었지. 어른들의 얼굴은 더할 나위 없이 진지해 보였어.
어른들은 무슨 일을 계획하고 있는 걸까?

:
:

1894년, 전라도 고부 지역의 농민들이 들고일어났어. 이 지역을 다스리던 군수 조병갑이 온갖 핑계로 세금을 거두고 백성들을 괴롭혔거든. 심지어 조병갑은 저수지 물을 사용하는 대가로 농민에게 돈을 받고, 자기 아버지의 덕을 칭송하는 비석을 세운답시고 또 돈을 걷었어. 돈을 내지 않거나 항의하는 사람은 심하게 매질했지. 결국 참다못한 백성들은 무기를 들고 조병갑이 있는 관아로 쳐들어갔어.

동학
조선 후기에 최제우가 만든 종교로, 당시 사회를 바꾸기 위해 다양한 개혁을 주장했어.

이때 농민들을 이끈 사람은 고부 지역의 동학* 지도자 전봉준이었어. 전봉준은 조병갑의 못된 행동을 더는 두고 볼 수 없다고 생각해 자신과 뜻을 함께할 사람들을 모았어. 그리고 봉기를 일으키기 전 사람들과 함께 사발통문을 만들었어. 동이가 몰래 훔쳐보았던 건 바로 마을 어른들이

◀ 만석보 터에 세워진 비석
탐관오리였던 조병갑은 농민들을 동원해 만석보라는 저수지를 만들었어. 그리고 농민들에게 저수지 물 사용료를 받았지. 훗날 저수지는 분노한 농민들에 의해 헐렸어.

모여서 사발통문을 작성하는 모습이었던 거야.

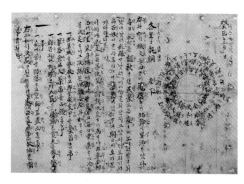

▲ 사발통문
고부의 동학교도들이 쓴 것으로, 참여자의 이름이 원 주변에 적혀 있지. 이름을 이렇게 쓴 것은 누가 이 일을 앞서 이끌었는지 모르게 하려는 거야.

농민들이 관아로 오고 있다는 소식에 조병갑은 잽싸게 도망쳤어. 전봉준이 이끄는 농민군은 고부 관아를 점령하고 창고에 쌓인 곡식을 사람들에게 나누어 주었지. 조정에서는 소식을 듣고 사건을 조사하고 수습할 관리를 보냈어. 그런데 이 관리는 사건을 제대로 파악하기는커녕 모든 잘못을 농민들 탓으로 돌리고 이 일에 앞장선 사람을 찾아내 벌주려 했지.

조정에서 보낸 관리를 믿고 기다렸던 농민들의 분노는 더 크게 타올랐어. 전봉준은 백성들의 힘을 모아 나라를 바로잡자고 주변 동학 지도자들을 설득했지. 많은 사람이 전봉

백성이 나라의 근본이다!

탐관오리를 벌하라!

준과 뜻을 함께하기로 했어. 그렇게 전봉준을 비롯한 농민군이 다시 들고일어났어. 이렇게 동학 농민 운동이 시작되었지.

농민군이 엄청난 기세로 한양을 향하고 있다는 소식에 조선 조정은 깜짝 놀랐어. 서둘러 군대를 보내 농민군을 진압하려고 했지. 그렇지만 성난 농민군을 막을 수 없었어. 농민군은 고부군의 황토현에서 관군과 맞붙어 승리를 거두고 빠르게 세력을 넓혀 나갔어. 그리고 전라도 지역의 중심지인 전주성을 점령하는 데 성공했지. 전주성이 점령당하자 조정은 급히 청나라에 군대를 요청했어. 청나라는 조선으로 군대를 파견했지. 그런데 뜻밖의 일이 생겼어. 일본도 조선에 군대를 보낸 거야.

사실 청나라와 일본은 갑신정변이 끝나고 청나라 톈진에서 조약을 맺었어. 이 조약에는 두 나라 군대가 조선에서 물러나는 대신 훗날

▼ 전주 풍남문
전주성의 남쪽 문인 풍남문이야.

조선에 군대를 보낼 때 서로 알린다는 내용이 담겨 있었지. 이에 청나라가 일본에 이 사실을 알렸고, 일본도 군대를 보냈던 거야.

조선 조정은 요청하지도 않은 일본 군대까지 들어오자 몹시 난처해졌어. 농민군 역시 외세가 개입해 나라를 위태롭게 하는 것을 바라지 않았어. 뜻이 맞는 조정과 농민군은 전주에서 화약을 맺었어. 그 후 농민군은 조정에 잘못된 정치를 바로잡는다는 뜻으로 '폐정 개혁안'을 제시했지. 이 폐정 개혁안에는 탐관오리를 벌하고 불합리한 세금 제도를 손볼 것, 노비제 폐지 등의 요구가 담겨 있었어. 요구가 받아들여지자 농민군은 무기를 내려놓고 전라도 일대에 농민들이 스스로 다스리는 기구를 설치했어.

폐정 개혁안 12개조

1. 동학과 정부 사이의 반감을 없애고 정치에 협력한다.
2. 탐관오리의 죄를 낱낱이 조사해 이를 엄하게 처벌한다.
3. 사람을 괴롭히는 부자들을 엄하게 처벌한다.
4. 불량한 유생과 양반들을 벌준다.
5. 노비 문서를 불태워 없앤다.
6. 모든 천민의 대우를 개선하고 백정이 쓰는 패랭이를 없앤다.

7. 젊은 과부의 재혼을 허락한다.

8. 규정 이외의 모든 세금을 없앤다.

9. 관리의 채용은 출신을 가리지 않고 인재를 등용한다.

10. 일본인과 몰래 통하는 자는 엄하게 처벌한다.

11. 농민이 진 빚은 모두 무효로 한다.

12. 토지는 골고루 나누어 경작한다.

　조선 조정은 일이 해결되었으니 청나라와 일본에게 군대를 철수시키라고 요구했어. 하지만 일본은 이를 거부하고 경복궁으로 쳐들어왔어. 그리고 청나라와 가까운 민씨 세력을 몰아내고 새로 개혁을 추진하라고 윽박질렀지. 고종은 이 요구를 받아들일 수밖에 없었어. 호시탐탐 조선을 노리고 있던 일본은 조선에서 청나라의 영향력이 커지는 것이 싫었어. 곧 일본은 청나라를 공격해 전쟁을 일으켰지. 이 전쟁이 바로 '청일 전쟁'이란다. 조선에 대한 지배권을 둘러싸고 일본과 청나라가 조선 땅에서 전쟁을 벌인 거야.

　일본은 청나라에 크게 승리한 것은 물론 중국 본토까지 공격했어. 깜짝 놀란 청나라는 서둘러 전쟁을 마무리하려고 했지. 이렇게 청일 전쟁에서 일본의 승리가 확실시되자 동학 농민군은 조선에서 일본을

◀ 청일 전쟁 당시 일본군이 한양 근처에 세워진 개선 문을 지나는 모습

몰아내기 위해 다시 봉기했어. 이때는 전라 지역뿐 아니라 전국의 동학교도와 농민들도 함께했지. 1차 봉기 때는 나라를 바로잡기 위해 일어섰지만 이번에는 일본으로부터 나라를 지키기 위해 일어선 거야.

농민군은 충청남도 공주의 우금치에서 조선 조정이 보낸 군대와 일본군을 맞닥뜨렸어. 농민군은 필사적으로 맞서 싸웠지. 그렇지만 변변찮은 무기로는 신식 무기로 무장한 관군과 일본군을 도저히 당해 낼 수 없었어. 결국 농민군은 공주 우금치에서 벌어진 전투에서 크게 패하고 말았어. 이후 농

▲ 재판을 받으러 가는 전봉준

▲ 동학 농민군 동상
전라북도 정읍시 황토현 전적지에 세워진 전봉준과 동학 농민군의 동상이야.

민군은 뿔뿔이 흩어졌고 농민군을 이끌던 지도자들은 붙들려 처형되었어. 이로써 동학 농민 운동은 막을 내리게 되었지.

비록 동학 농민 운동은 실패로 끝났지만 농민들이 바라던 것들 중 일부는 이뤄졌어. 바로 '갑오개혁'을 통해서 말이지. 아까 일본이 경복궁에 쳐들어가 개혁을 요구했다고 한 거 기억나지? 이때 조선 조정은 김홍집을 중심으로 개혁을 추진했어. 이 개혁이 바로 갑오개혁이야. 갑오개혁으로 조선은 다시 한번 크게 바뀌었어. 신분 제도가 공식

▲ 김홍집

적으로 폐지되면서 노비들이 해방되었어. 과부는 자유롭게 재혼할 수 있게 되었고, 과거제도 없어졌지. 또 공식 문서에 한글을 사용하게 하고 세금을 물건이 아닌 화폐로만 내도록 해서 관리들이 횡포를 부릴 수 없게 했지. 이렇게 갑오개혁에는 동학 농민군들의 요구가 일부 반영되었단다.

갑오개혁의 주요 정책

1. 신분제 폐지

2. 과부의 재혼 허용

3. 과거제 폐지

4. 한글 사용

동학이 널리 퍼진 이유는?

동학은 1860년 최제우가 만든 종교야. 최제우는 경주 지역의 몰락한 양반이었어. 동학이 만들어질 무렵 조선은 세도 정치 시기였어. 당시 조선은 안으로는 탐관오리 때문에 백성들이 고통 받고 있었고, 밖으로는 서양의 배들이 자주 나타나서 청나라처럼 조선도 침략 당할지 모른다는 불안이 커지고 있었어. 최제우는 이런 상황에서 서양의 천주교(서학)에 맞선다는 의미에서 자신이 만든 종교를 '동학'이라 불렀어.

▲ 최제우 초상화

동학은 우리의 전통 신앙과 유교, 불교, 도교의 영향을 받아 만들어진 종교야. 동학의 교리에는 모든 사람은 하늘과 같으므로 평등하게 대해야 하고 지금과 다른 새로운 세상이 열린다는 내용이 담겨 있어. 이런 사상 덕분에 동학은 고달픈 삶을 살아가던 백성에게 인기를 얻으며 널리 퍼져 나갔지.

그러자 조선 조정은 동학을 탄압하고 최제우를 잡아들여 처형했어. 동학이 세상을 어지럽게 만들고 백성들을 속인다는 이유였지. 하지만 조정의 탄압에도 불구하고 동학은 계속해서 널리 퍼져 나갔단다.

생각 톡톡

왕이 외국 공사관으로
옮겨 간 이유는?

러시아 공사관

"전하가 러시아 공사관에 머무신 지 벌써 1년이 다 되어 가는군요."
"이제 곧 궁궐로 돌아오신다고 하니 좀 더 기다려 봅시다."
초월이는 우연히 아버지와 어른들이 하시는 말씀을 들었어. 임금님이
남의 나라 공사관에 머물고 있다니. 이유가 뭔지는 몰라도 이해가 되
지 않았지.
임금님은 왜 러시아 공사관으로 몸을 피한 걸까?

1895년 10월, 무기를 든 일본군과 무사들이 경복궁에 침입했어. 이들은 경복궁 이곳저곳을 뒤지며 왕비 민씨를 찾았지. 난데없는 침입에 궁궐은 뒤집어졌어. 그리고 왕비 민씨는 일본인들이 휘두른 칼에 목숨을 잃었지. 일본인들은 여기서 멈추지 않고 왕비의 시신을 불태웠어. 이 충격적인 사건을 '을미사변'이라고 해.

일본이 을미사변을 일으킨 이유는 뭘까? 청일 전쟁에서 승리한 일본은 엄청난 이익을 챙겼어. 청나라가 조선에서 완전히 손을 떼게 하고 막대한 배상금을 받아 냈을 뿐 아니라 랴오둥반도와 타이완 등 청나라 영토의 일부를 넘겨받았지. 그런데 러시아가 갑자기 트집을 잡

◀ 건청궁 옥호루
건청궁은 경복궁 안에 지어진 것으로 고종과 왕비 민씨가 생활하던 곳이야. 이곳에 머물던 왕비 민씨는 1895년 을미사변 때 일본인의 손에 목숨을 잃었지.

앉어. 일본이 랴오둥반도를 차지해 중국 내에서 영향력이 커질까 봐 걱정한 거야. 러시아는 독일과 프랑스를 끌어들여 청나라에 랴오둥반도를 돌려주라며 일본을 몰아붙였어. 일본은 하는 수 없이 이 요구를 받아들였지. 이 일을 '삼국 간섭'이라고 해.

이 모습을 지켜본 고종과 왕비 민씨는 일본을 조선에서 몰아내기 위해 러시아와 손을 잡으려 했어. 그러면서 일본과 친한 신하들을 하나둘씩 관직에서 내쫓고 러시아와 사이가 가까운 신하들을 중요한 관직에 앉혔지. 일본은 조선이 갑자기 태도를 바꾼 건 왕비 민씨 때문이라 생각했어. 왕비 민씨가 고종을 부추겨 러시아를 끌어들여 일본을 막으려고 한다고 말이지. 그래서 일본이 왕비 민씨를 시해한* 거야.

을미사변을 일으킨 일본은 김홍집 등 자신들과 가까운 사람들을 다시 불러들였어. 그리고 다시 한 번 개혁을 추진했지. 이 개혁이 '을미개혁'이야. 달력을 지금 우리가 쓰는 양력으로 바꾸고, 종두법*을 시행했어. 오늘날 초등학교에 해당하는 소학교도 세웠지. 그리고 단발령을 내려 성인 남성들의 상투를 자르게 했어. 고종도 몸소 나서서 상투를 잘랐지.

하지만 백성들은 단발령을 격렬하게 반대했어. 조선 사람들은 '머

리카락을 비롯한 모든 신체는 부모님이 주신 것이기에 함부로 훼손할 수 없다'는 유교의 가르침을 철저하게 따랐거든. 머리카락을 자르는 일은 곧 불효나 다름없는 것이었지. 그래도 일본은 단발령을 밀어붙였어. 관리들이 아예 가위를 들고 다니며 사람들의 상투를 가차 없이 잘라 냈어. 일본의 횡포에 수많은 백성이 분노한 건 당연했지.

이때 고종은 일본의 감시를 받는 몹시 불안한 처지였어. 자신도 일본에 밉보였다가는 언제 죽임을 당할지 몰랐지. 1896년 2월, 때를 보고 있던 고종은 일본의 감시가 뜸해진 틈을 타 세자와 함께 경복궁에서 몰래 빠져나와 러시아 공사관으로 몸을 피했어. 이 사건을 '아관 파천'이라고 해. '왕이 러시아 공사관(아관)으로 옮겨 갔다(파천)'는 뜻이지. 초월이 아버지와 어른들은 이때를 두고 이야기를 나누고 있었던 거야.

러시아 공사관에 무사히 도착한 고종은 김홍집을 비롯해 일본과 가까이 지내던 관리들을 쫓아냈어. 대신 러시아와 가까운 관리들을 중요한 자리에 앉혔지. 을미개혁을 추진했던 김홍집은 일본에 협력한 관리로 지목되어 성난 백성들에게 죽임을 당했단다.

고종은 러시아 공사관에서 1년 정도 머물렀어. 하지만 러시아 공사관에 머무는 기간이 길어지자 신하들은 고종이 하루라도 빨리 궁궐로 돌아오기를 바라는 마음이었어. 고종은 경복궁으로 돌아가는 대신 경운궁(덕수궁)으로 향했어.

◀ 고종이 몸을 피한
러시아 공사관

고종이 궁궐을 비운 동안 일본의 간섭은 조금씩 줄어들었어. 하지만 러시아가 조선에 대한 영향력을 키우게 되었고, 왕이 궁궐을 비우고 다른 나라의 공사관에 얹혀살게 되면서 나라의 위엄은 바닥으로 떨어졌어. 이 틈을 타 여러 외국 세력이 금광이나 광산을 개발할 수 있는 채굴권, 철도를 놓을 권리, 산에서 나무를 벨 권리 등 나라의 중요한 경제적 권리를 몽땅 가져가 버렸지. 조선은 힘센 나라들에게 이리저리 휘둘리는 신세가 되고 말았어.

유생들, 의병을 일으키다

왕비 민씨가 시해되고 단발령이 내려지자 수많은 사람이 분노로 몸을 떨었어. 특히 유학을 공부하는 유생들이 단발령에 크게 반발했지. 이들은 개화를 취소하고 일본을 쫓아내자며 의병을 일으켰어.

가장 먼저 의병을 일으킨 사람은 유학자 유인석이야. 유인석의 의병은 한때 충주성 일대를 차지할 정도로 세력을 떨쳤어. 하지만 고종이 러시아 공사관으로 몸을 피하면서 의병을 해산하라는 명령을 내렸지. 그렇

▲ 을미의병 봉기 당시 의병장 유인석이 각지에 보낸 글

지만 유인석은 일본을 내쫓고 개화를 취소하지 않는 한 명령을 따르지 않겠다며 버텼단다. 아예 의병들을 데리고 압록강을 건너 청나라에서 활동을 이어 가려고 했어.

▲ 유인석의 묘

그렇지만 청나라의 반대로 다시 조선으로 돌아올 수밖에 없었어.

▲ 최익현의 초상화

단발령에 반발한 유학자는 또 있어. 바로 최익현이야. 강화도 조약 때 개항을 반대하며 도끼 상소를 올렸던 문신이지. 최익현은 이 일로 3년 동안 흑산도로 유배를 갔어. 그 후 고향으로 돌아온 최익현은 학문을 연구하며 제자를 키우는 데 힘썼지. 그러다가 을미개혁 때 단발령이 발표되자 유생들은 단발령에 반대하는 상소를 잇달아 올렸어. 최익현 역시 유생들을 격려하며 단발령에 거세게 반대했지. 조정에서는 유생들을 부추겼다는 죄목으로 최익현을 체포했어. 관리들이 상투를 자르기 위해 찾아오자 최익현은 "내 목은 자를 수 있지만 상투는 자를 수 없다."며 강하게 저항했어. 결국 관리들은 최익현의 고집을 꺾지 못하고 상투 자르는 일을 포기했단다.

09

독립문을
만들었다고?

"아버지, 무얼 읽고 계셔요?"

"신문을 읽고 있단다. 어제 만민 공동회에서 무슨 일이 있었는지 궁금해서 말이지."

윤서 아버지는 신문을 읽고 계셨어. 한글로 쓰여진 〈독립신문〉은 나라 안의 여러 소식을 전해 주었지. 〈독립신문〉을 만든 사람들은 누구일까? 그들이 한 활동은 또 무엇이 있을까?

1895년 12월, 서재필이 미국에서 귀국했어. 서재필은 갑신정변을 일으킨 주요 인물로, 정변이 실패하자 일본으로 망명했지. 그리고 일본에서 다시 박영효, 서광범과 함께 미국으로 향했어. 1890년에는 미국 시민권을 얻고 미국인이 되었어. 그리고 온갖 고생 끝에 의사 자격을 얻었지.

▲ 〈독립신문〉
서재필의 주도로 창간된 우리나라 최초의 민간 신문이야. 한자를 모르는 사람도 볼 수 있도록 한글로 기사를 썼지.

개혁을 진행하고 있던 조선 조정에서는 개혁을 도울 사람이 필요했고, 서재필에게 조선으로 돌아오라고 했어. 서재필은 요청을 받아들여 조선으로 돌아와 나랏일을 도왔지.

1896년 4월 7일, 서재필은 정부의 지원을 받아 〈독립신문〉을 만들었어. 〈독립신문〉은 사람들에게 개혁 정책을 소개했어. 그리고 산업을 하루빨리 개발하고, 백성이 교육받고 계몽되어야* 강국의 틈바구니에서 조선이 자주를 이룰 수 있다고 주장했어. 처음에 〈독립신문〉은 일주일에 세 번, 총 4면으로 발행되었는데 3면은 한글, 1면은 영문으로 되어 있었지.

서재필은 그해 7월 개화파 동료들, 정부 관리들과 함께 '독립 협회'를 만들었어. 독립 협회는 나라의 독립을 지키겠다는 뜻에서 독립문을 세우고, 백성을 일깨우기 위해 토론회와 강연을 열었지.

독립 협회는 만민 공동회를 열면서 일반 국민이 참여하는 단체가 되었어. 1898년 3월 10일에 종로에서 개최된 만민 공동회에는 약 1만 명 이상의 사람이 모였지. 당시 서울 인구가 약 17만 명이었다고 하니 얼마나 많은 사람이 참여했는지 알겠지? 만민 공동회에서는 누구나 자유롭게 자신의 의견을 말할 수 있었단다.

계몽되다
지식 수준이 낮거나 과거의 습관, 풍습에 젖은 사람이 가르침을 받아 깨닫게 되는 걸 뜻해.

▶ 독립문
독립 협회는 조선이 중국 사신을 맞이하는 문이었던 영은문을 헐고 그 자리에 독립문을 세웠어.

만민 공동회는 여러 사람들의 의견을 모아 정부에 개혁을 요구했어. 그래서 러시아가 절영도라는 섬에 석탄 창고를 건설하려 했을 때 반대 의견을 모아 고종에게 전달했지. 고종은 이를 받아들여 러시아가 절영도에 석탄 창고를 세우지 못하게 했을 뿐만 아니라 이곳에 있던 일본의 석탄 창고도 되돌려 받았어.

만민 공동회는 이후에도 중요한 일이 생기면 열렸고 많은 사람들이 참여해 의견을 모았어. 만민 공동회는 민중들이 자발적으로 참여해 열강의 이권 침탈에 맞서고 나라의 자주 독립을 주장한 근대적 민중 집회였어.

그러나 몇몇 관리들은 독립 협회의 영향력이 커지는 걸 좋아하지 않았어. 이들은 고종에게 독립 협회가 의회를 설립하려는 건 임금을 쫓아내고 공화정*을 세우려는 생각이라고 거짓 보고를 올렸지. 관리들의 말을 믿은 고종은 깜짝 놀라서 독립 협회를 해산시키고 말았단다.

공화정
국민이 선출한 대표자나 대표 기관에 의해 주권이 행사되는 정치를 뜻해.

독립문은 어디에 있을까?

독립 협회는 중국 사신을 맞이하던 영은문을 헐고 그 자리에 독립문을 세웠어. 독립문을 통해 우리 민족의 자주 독립 의지를 보여 주겠다는 의미였지. 독립문은 프랑스의 개선문을 본떠 만들었고, 앞과 뒤에는 각각 한글과 한자로 '독립문'이라는 글자와 태극기를 새겼어. 독립문을 만드는 데 필요한 비용은 모금으로 마련했는데, 고종도 여기에 힘을 보탰다고 해.

독립문 주변에는 독립관을 두었어. 독립관은 중국 사신이 머물던 숙소인 모화관을 수리하여 만들었지. 독립 협회 회원들은 매주 일요일 이곳 독립관에 모여서 강연회와 토론회를 열었어.

독립문은 현재까지 서대문 독립 공원에 남아 있어. 이곳에 가면 새로 복원한 독립관과 서대문 형무소, 3·1 운동 기념탑을 볼 수 있단다.

▲ 독립문(왼쪽)과 독립관(오른쪽)

10

고종이 황제의 나라를
선포한 이유는?

"선생님, 어제부터 전하께서 황제 폐하가 되셨다고 하던데요?"
"맞아요. 나라 이름도 조선이 아닌 대한 제국으로 바뀌었어요."
영미와 친구들은 선생님께서 해 주신 이야기에 깜짝 놀랐어. 임금님이
갑자기 황제가 되고 나라 이름을 바꿨다니, 이게 무슨 일인가 싶었지.
고종이 대한 제국을 선포한 이유는 무엇이었을까?

러시아 공사관에 머물던 고종은 1년 만에 궁궐로 돌아가기로 했어. 그런데 원래 머물렀던 경복궁이 아닌 경운궁으로 돌아갔지. 고종은 여러 사건으로 땅에 떨어질 대로 떨어진 나라의 권위를 높여야겠다고 생각했어. 그래서 다른 나라가 얕볼 수 없게 조선을 황제가 다스리는 나라로 바꾸기로 했지.

고종은 환구단을 짓고 하늘에 제사를 지냈어. 그러고는 1897년 10월에 황제로 즉위했지. 을미사변으로 먼저 세상을 떠난 왕비 민씨에게 '명성 황후'라는 칭호를 내렸어. 그리고 고종은 나라 이름을 '대한 제국'으로 바꿨지. 영미와 친구들은 이때 선생님께 대한 제국에 대한 이야기를 들은 거란다.

고종은 새 나라로 거듭난 데 발맞춰 대한 제국의 헌법과 같은 '대한국

▲ 서양식 황제복을 입은 고종 황제

▲ 환구단

오른쪽에 넓게 지붕을 올린 건물이 환구단이야. 환구단은 황제가 하늘에 제사를 지내는 제단이지. 왼쪽에 기와지붕을 올린 건물은 황궁우로, 이곳에 하늘과 땅의 신들의 위패를 모셨어.

국제'를 선포했어. 대한국 국제에는 황제가 모든 권력을 갖고 나라를 다스리겠다는 뜻이 담겨 있었지.

대한 제국은 적극적인 개혁에 나섰어. 이를 당시 대한 제국의 연호였던 광무를 붙여 '광무개혁'이라 부르지. 광무개혁의 목표는 대한 제국의 완전한 자주 독립과 근대화를 통해 부유하고 강한 나라를 이루는 것이었어.

이를 위해 고종 황제는 상공업을 키워 대한 제국 경제를 발전시키려 노력했지. 철도와 전차를 놓았을 뿐 아니라 개인이

▲ 고종 황제의 도장

기업을 세우도록 격려했어. 한양 한가운데를 전차가 씽씽 달렸고 은행을 비롯한 여러 회사가 세워졌지. 또 기술자를 키워 내기 위해 상공 학교와 실업 학교를 세우고 해외에 유학생을 보냈어.

한편, 고종은 나라 재정을 튼튼히 하기 위해 토지를 다시 조사했어. 토지 주인을 꼼꼼하게 조사하고 증명서인 지계를 발급해 주었지. 군사력 강화에도 힘썼어. 한양 도성과 궁궐을 지키던 시위대를 다시 정비하고 군사를 보강했단다.

광무개혁은 짧은 기간 이루어졌지만 대한 제국의 기술과 교육을 발

▲ 덕수궁 석조전
고종 황제는 대한 제국을 선포한 뒤 경운궁을 황궁으로 삼았어. 그리고 경운궁 안에 서양식 석조 건물인 석조전을 지었지. 경운궁은 나중에 덕수궁으로 이름이 바뀌었어.

전시켰다는 점에서 큰 의의가 있어. 하지만 나랏돈이 넉넉하지 않은 상황이라 철도 건설에 큰 어려움을 겪었지. 아쉽게도 광무개혁은 러일 전쟁이 터진 후 일본이 지나치게 간섭하면서 제대로 된 끝맺음을 하지 못했단다.

독도와 간도를 지키기 위해 노력한 대한 제국

독도는 신라 지증왕 때 이사부가 우산국(울릉도)을 정복한 이후부터 우리나라 땅이 되었어. 조선 시대에는 일본 어부들이 독도 근처에서 허락 없이 고기잡이를 하자 어민이었던 안용복이 일본으로 건너가 독도가 우리나라 땅임을 다시 한번 확인했단다. 고종도 1900년 '대한 제국 칙령 제41호'를 발표하여 독도를 울릉도 관할로 두어 독도의 주인이 누구인지를 분명히 했어. 하지만 일본은 러일 전쟁 때부터 독도가 자기네 영토라며 오늘날까지 일방적으로 주장하고 있지.

▲ 〈대한전도〉
1907년에 제작된 〈대한전도〉에는 간도 지역이 우리나라 함경도 영토로 표시되어 있어.

그렇다면 간도는 어디일까? 간도는 두만강 북쪽에 있는 땅이야. 1860년대부터 농사지을 땅을 찾아 많은 조선인들이 간도로 가서 살았어. 고종은 간도를 함경도에 속하도록 하고 관리를 보내 다스렸지. 그렇지만 대한 제국의 외교권을 빼앗은 일본이 1909년 청나라와 멋대로 간도 협약을 맺고는 간도를 청나라 땅으로 인정해 주었어.

고종 황제의 반대에도 조약이 체결되었다고?

"우리나라의 외교권이 일본에 넘어갔다니, 그게 무슨 소리입니까?"

"고종 황제께서 조약에 반대하셨는데도 일본이 강압적으로 조약을 체결했답니다."

어른들의 이야기를 듣던 재현이는 깊은 생각에 빠졌어.

나라의 외교권이 일본에 넘어갔다는 것은 어떤 의미일까? 앞으로 어떤 일들이 벌어지게 될까?

　삼국 간섭과 아관 파천으로 만주 땅과 조선에 대한 일본의 영향력은 쪼그라들었어. 일본이 주춤한 틈을 타 러시아가 슬금슬금 만주와 한반도에서 영향력을 넓혀 나갔지. 일본은 한반도에서의 영향력을 되찾기 위해 1904년에 러시아를 공격해 러일 전쟁을 일으켰어. 전쟁이 터지자 대부분의 사람들은 당연히 러시아가 승리를 거둘 거라 여겼지.

　그런데 결과는 정반대였어. 일본이 러시아의 강력한 함대를 격파한 거야. 전쟁이 끝나고 일본과 러시아는 미국 포츠머스에서 조약을 맺었어. 러시아는 대한 제국에 대한 일본의 권리를 인정하고 한반도에

◀ 러시아와 일본의 싸움을 풍자한 그림
거인(러시아)과 소인(일본)이 바닥에 그려진 한반도를 둘러싸고 싸우고 있어. 미국과 독일, 중국 등 여러 나라가 이 싸움을 흥미진진하게 바라보고 있지.

서 손을 떼기로 했지.

전쟁에서 승리한 일본은 군대를 앞세워 고종이 머무는 궁궐로 향했어. 그러고는 조약 문서에 서명하라고 협박했지. 이 조약 문서에는 대한 제국의 외교권을 일본에 몽땅 맡긴

다는 내용이 들어 있었어. 이건 대한 제국 스스로는 나라를 다스릴 수 없으니 일본이 대신 다스리겠다는 것과 다를 게 없었어. 당연히 고종은 거절했지.

고종이 서명을 거부하자 일본의 대사 이토 히로부미는 대한 제국의 관리 여덟 명을 불러 회의를 열었어. 회의장 바깥에서는 무기를 든 일본군이 감시하고 있었지. 결국 여덟 명의 관리 중 이완용과 박제순을 포함한 다섯 명의 관리가 조약에 찬성했어. 이렇게 맺어진 조약이 바로 '을사늑약'이야.

을사늑약에는 몇 가지 문제점이 있어.

▲ 이토 히로부미
일본의 정치가로 한반도를 침략해 일본의 식민지로 만드는 데 앞장섰어.

먼저 우리가 스스로 원해서 맺은 조약이 아니라 일본의 강요로 맺어졌다는 거야. 게다가 조약문에는 조약의 정식 명칭도 없고, 이를 인정하는 고종의 도장도 찍혀 있지 않지. 그런데도 일본은 대한 제국을 보호하고 나랏일을 맡

어서 서명하시오!

아본다며 통감부를 멋대로 설치하고 이토 히로부미를 통감으로 임명했어.

을사늑약으로 대한 제국은 독립 국가로서의 모습을 잃고 일본의 보

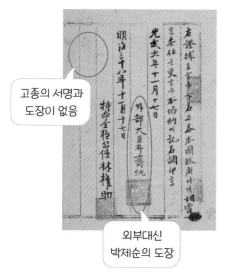

고종의 서명과 도장이 없음

외부대신 박제순의 도장

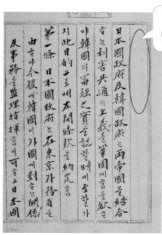

조약의 명칭이 없음

◀ 을사늑약 조약문
을사늑약 조약문 맨 앞장(오른쪽)에는 조약의 명칭이 적혀 있지 않아. 게다가 맨 뒷장(왼쪽)에는 고종의 위임장도 없이 외부 대신 박제순이 도장을 찍었고, 고종의 서명과 도장이 빠져 있지.

▲ 〈황성신문〉에 실린 〈시일야방성대곡〉

호국 신세가 되었어. 〈황성신문〉은 '이날에 목 놓아 통곡한다'라는 의미가 담긴 〈시일야방성대곡〉이라는 논설을 쓰고 을사늑약의 부당성을 사람들에게 알렸지.

수많은 사람이 을사늑약이 맺어졌다는 소식에 분노했어. 상인들은 가게 문을 닫아 버렸고 학생들은 학교에 가지 않았지. 민영환처럼 분함을 못 이기고 스스로 목숨을 끊은 관리들도 있었어. 을사늑약을 찬성한 다섯 명의 관리, 즉 '을사오적'을 처단하려는 사람들도 있었지. 전국 각지에서는 최익현을 비롯한 유생들이 을사늑약에 반발해 다시 의병 운동을 일으켰단다.

▲ 민영환

하얼빈에 울려 퍼진 총성

이토 히로부미는 대한 제국의 외교권을 빼앗고 나랏일에 끼어드는 정도에 만족하지 않았어. 1907년에는 고종을 강제로 황제의 자리에서 물러나게 하더니 이에 저항하는 군대마저 해산시켜 버렸지. 이토 히로부미와 일본은 대한 제국을 통째로 집어삼켜 식민지로 만들 생각이었어.

▲ 안중근 의사

1909년, 이토 히로부미는 러시아와 외교 협상을 위해 중국의 하얼빈으로 향했어. 이 소식에 중국과 러시아에서 독립운동을 하고 있던 안중근은 이토 히로부미를 처단하기로 했지. 안중근과 동지들은 러시아 블라디보스토크를 떠나 중국 하얼빈으로 이동했어.

마침내 10월 26일, 이토 히로부미가 탄 열차가 하얼빈역에 도착했어. 안중근은 열차에서 내리는 이토 히로부미를 발견했지. 안중근은 망설임 없이 이토 히로부미를 향해 총을 쏘았어.

탕! 탕! 총알이 발사되는 소리가 하얼빈역에 울려 퍼졌지. 이토 히로부미는 안중근이 쏜 총에 맞아 목숨을 잃었어.

안중근은 품 안에서 태극기를 꺼내 높이 들어 올리며 대한 독립 만세를 외쳤어. 그리고 곧장 러시아 헌병대에 체포되었지. 조사를 마친 안중근은 일본에 넘겨졌고, 일본 판사의 재판을 받았어. 안중근은 재판에서 당당하게 이토 히로부미를 죽인 이유를 낱낱이 밝혔어. 대한 제국의 황제를 강제로 자리에서 쫓아낸 죄, 정권을 강제로 빼앗은 죄, 식민화를 계획하며 동양의 평화를 깨트린 죄 등 여러 죄목이었지. 하지만 일본 법원은 안중근에게 이토 히로부미를 암살한 죄로 사형을 선고했어. 얼마 후 안중근은 중국의 뤼순 감옥에서 순국했단다.

순국하다
나라를 위해 목숨을 바친다는 뜻이야.

탕탕!

으악!

고종이 헤이그에
특사를 보낸 이유는?

"이제 회의장으로 들어가 우리의 억울함을 알립시다!"

"반드시 임무를 달성하고 돌아갑시다."

정장을 차려입은 세 사람은 긴장된 표정으로 역 주변을 둘러보았어.

역 주변은 많은 사람들로 붐볐지. 역 간판에는 낯선 글자들이 잔뜩 쓰

여 있었어.

이들이 도착한 곳은 어디일까? 그리고 무엇을 하려는 것일까?

을사늑약이 맺어지자 많은 사람이 반발했어. 고종 역시 을사늑약이 부당하게 맺어진 조약임을 알리고자 외교 활동에 나섰지. 고종이 가장 먼저 도움을 요청한 나라는 미국이었어. 미국과 조선이 처음 조약을 맺었을 때 어려운 일이 생기면 서로 돕는다는 내용이 있었거든.

고종은 을사늑약이 무효라는 편지를 써서 당시 나랏일을 돕던 미국인 선교사이자 육영 공원*의 교사였던 호머 헐버트에게 주었어. 하지만 헐버트는 고종의 편지를 미국 정부에 전달하지 못했어. 당시 미국은 이미 일본과 남몰래 약속을 맺었거든. 이 약속은 미국이 필리핀을, 일본이 대한

육영 공원
고종 임금 시기에 세운 우리나라 최초의 현대식 학교야.

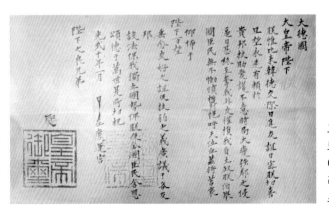

◀ 을사늑약의 부당성을 알리는 고종의 편지
고종이 독일 제국의 황제에게 보낸 편지야. 고종은 이 편지에서 을사늑약의 부당성을 알리고 국제 사회의 지지를 호소했지.

제국을 지배하는 것을 서로 인정한다는 것이었어. 그래서 당시 미국 대통령이었던 시어도어 루스벨트는 여러 핑계를 대며 헐버트를 만나 주지 않았지. 이 사실을 몰랐던 고종은 또 다른 미국인 선교사이자 의사인 알렌을 통해 미국 정부에 도움을 요청하려 했지만 이 역시 성공하지 못했지.

하지만 고종은 포기하지 않았어. 때마침 네덜란드 헤이그에서 제2차 만국 평화 회의가 열릴 예정이었지. 고종은 을사늑약의 부당성을 알리기에 좋은 기회라 판단했어. 그래서 일본의 감시를 피해 이준, 이상설, 이위종 세 명을 특사로 임명해 헤이그에 파견했단다.

헤이그까지 가는 길은 쉽지 않았어. 먼저 이준이 고종의 명령을 받고 한양에서 출발했어. 이준은 부산으로 가 배를 타고 러시아 블라디보스토크로 향했지. 그곳에서 이상설을 만나 함께 시베리아 횡단 열차를 타고 당시 러시아의 수도였던 상트페테

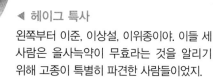

◀ 헤이그 특사
왼쪽부터 이준, 이상설, 이위종이야. 이들 세 사람은 을사늑약이 무효라는 것을 알리기 위해 고종이 특별히 파견한 사람들이었지.

르부르크로 갔어. 고종이 러시아 황제에게 쓴 편지를 전달하기 위해서였지. 두 사람은 상트페테르부르크에서 통역관 이위종을 만나고 러시아 황제를 보려 했어. 하지만 끝내 러시아 황제를 만나는 데는 실패했지. 그새 대한 제국에 대한 러시아의 태도가 변한 거야. 러시아 역시 미국처럼 일본과 몰래 약속을 했거든. 러시아는 한반도에 대한 일본의 지배를 눈감아 주는 대신 만주와 외몽골에 대한 지배를 인정받기로 한 거야.

세 명의 특사는 만국 평화 회의가 열리는 헤이그로 갔어. 하지만 이들은 회의장 안으로 들어갈 수 없었어. 을사늑약으로 외교권을 잃

▲ 네덜란드 헤이그에서 열린 만국 평화 회의

은 대한 제국이 특사를 파견할 수 없다는 이유로 만국 평화 회의 참석이 거부된 거야. 특사들은 미국, 프랑스, 중국, 독일 등 여러 나라 대표들에게 협조를 구했지만 모두 실패했어.

하지만 헤이그 특사들은 포기하지 않고 대한 제국의 상황을 언론에 널리 알렸지. 이러한 노력 덕분에 특사들은 각국 신문 기자단 회의에 참석할 수 있었어. 그리고 연설을 통해 세계에 을사늑약의 부당성과 대한 제국의 상황을 알렸지.

헤이그 특사는 세계 언론의 지지를 얻었지만 만국 평화 회의에는 끝내 참석하지 못했어. 이 상황에 분노한 이준은 억울함과 분함을 이기지 못하고 헤이그에서 죽음을 맞이하고 말았단다. 이상설과 이위종 두 사람은 귀국하지 않고 해외에 머물며 독립운동을 이어 갔어.

또 한 명의 헤이그 특사?

을사늑약이 맺어진 뒤 고종은 조약의 부당성을 알리기 위해 바삐 움직였어. 이때 고종을 적극적으로 도운 외국인이 있었지. 바로 미국인 선교사 호머 헐버트야.

호머 헐버트는 1890년대 조선에 들어와 육영 공원에서 학생들을 가르치는 일을 했어. 또 한글을 연구하며 우리글에 띄어쓰기와 마침표, 쉼표를 도입했지. 헐버트는 일본과 열강들의 위협에 시달리는 조선에 큰 관심을 가졌고, 조선이 자주권을 지킬 수 있도록 여러 방면에서 노력했어. 그래서 고종의 두터운 신임을 받았지.

1905년, 일본이 을사늑약을 강제로 체결하자 헐버트는 고종을 도와 을사늑약의 부당성을 알리려 했어. 그래서 헐버트는 고종이 쓴 편지를 가지고 일본을 거쳐 러시아의 블라디보스토크로 향했어.

일본은 헐버트가 고종이 보낸 특사라고 여겨 그의 행동 하나하나를 감시했지. 헐버트는 보란 듯이 시베리아 횡단 열차를 타고 상트페테르부르크에 도착했어. 그리고 독일과 스위스, 프랑스 등 여러 국가를 방문하고 난 뒤 헤이그로 갔어. 그 틈에 고종이 보낸 진짜 특사 세 명이 헤이그에 무사히 도착할 수 있었지. 이 활약 덕분에 헐버트는 '제4의 헤이그 특사'라고 불리기도 해.

헐버트는 헤이그 특사 사건으로 일본의 미움을 받아 미국으로 추방되었어. 대한

▲ 호머 헐버트

제국이 일본의 식민지가 된 뒤에도 미국에서 우리나라의 독립운동을 지지하고 독립을 호소했지. 마침내 1945년 우리나라는 광복을 맞이했고, 1950년 대한민국 정부는 우리나라의 독립을 위해 노력한 헐버트의 공로를 인정해 그에게 건국 공로 훈장을 주었어.

◀ 호머 헐버트의 묘
헐버트는 미국이 아닌 우리나라에 묻히기를 바랐어. 그의 유언에 따라 헐버트는 서울 양화진 외국인 선교사 묘원에 묻혔단다.

13

의병이
일어난 이유는?

"저기 일본군이 있다! 총을 발사하라!"

"으악!"

철민이가 일본군을 향해 총을 쏘기 전에 동료가 적의 총에 맞아 부상
을 입었어. 철민이는 이를 악물고 일본군을 향해 총을 쏘며 돌진했지.

철민이와 동료 군인들은 왜 일본군과 싸우고 있는 걸까?

．
．
．
．

　헤이그 특사 사건을 알게 된 이토 히로부미는 고종을 찾아가 거칠게 따졌어.

　"외교권이 없는 대한 제국이 특사를 보낸 건 일본에 대한 선전 포고나 다름없소!"

　그러고는 고종을 황제 자리에서 강제로 내쫓고 순종을 새 황제로 앉혔어. 사람들은 고종의 강제 퇴위에 크게 반발하며 시위를 벌였지. 이 과정에서 통감 이토 히로부미가 사는 집이 불에 탔고, 일본군에게

돌을 던지는 사람도 있었어. 대한 제국의 군대인 시위대 일부도 일본 경찰과 총격전을 벌였어.

이토 히로부미는 새로 황제가 된 순종을 협박해 억지로 새 조약을 맺었어. 대한 제국의 행정과 사법을 일본 통감부가 관리한다는 내용이었지. 한마디로 대한 제국의 나랏일을 모두 일본이 맡아본다는 거야. 한 술 더 떠 일본은 순종에게 군대를 해산하라고 명령을 내렸어. 나라에 돈이 없어 군대를 유지할 수 없다는 핑계를 댔지.

순종의 허락을 받아 낸 이토 히로부미는 군대를 해산시키기로 했어. 해산식을 위해 1907년 8월, 군인들에게 동대문 훈련원에 모이라고 명령했지. 군사들에게는 해산식이라는 것을 숨기고 말이야. 마침내 일본이 군대 해산을 명령하자 대한 제국 육군 참령(소령) 박승환은 이에 반발해 스스로 목숨을 끊었어. 분노한 군인들은 무기고를 부수고 들어가 무기를 들고 나왔지.

이날 오전 한양 곳곳에서 해산된 군인과 일본군 사이에 총격전이 벌어졌어. 해산된 군인들은 일본군에 힘껏 맞섰지만 더 좋은 무기를 가지고 있던 일본군을 당해 낼 수 없었지.

일본은 한양과 지방을 지키던 대한 제국의 군대를 모조리 해산시켰어. 그러자 일본의 결정에 반발한 각 지역의 군인들이 무장봉기를 일으켰지. 대표적인 것이 강원도 원주와 강화도에서 일어난 봉기야. 이후 군인들의 봉기는 점차 퍼져 의병 항쟁으로 이어졌어. 이때 일어난 의병을 '정미의병'이라고 해. 정미의병은 이전에 일어났던 을미의병, 을사의병과 달리 훈련 받은 군인들까지 항쟁에 나서서 더욱 조직적으로 일본에 저항할 수 있었어.

전국의 의병들은 경기도 양주에서 의병장 이인영을 총대장으로 하

▲ 정미의병

는 '13도 창의군'을 만들고 일본을 한양에서 몰아내려는 서울 진공 작전을 계획했어. 한양의 일본군을 몰아내고 친일 관리를 없애겠다는 계획이었지. 하지

만 1909년에 총대장 이인영이 붙잡혀 처형되었고 한양으로 진격하려던 계획은 성공을 거두지 못했어. 의병들은 전국 각지로 흩어져 치열한 전투를 이어 갔지.

그렇지만 한반도가 일본의 손아귀에 완전히 들어간 뒤에는 극심한 탄압으로 국내에서 활동을 이어 가기 어려웠어. 의병들은 압록강과 두만강을 넘어 간도와 연해주로 건너갔어. 이들은 훗날 독립군으로서 많은 활동을 펼쳤단다.

남한 대토벌 작전

토벌
무력으로 쳐서 없앤다는 뜻이야.

　　일본은 전국 각지에서 정미의병이 일어나자 토벌°에 나섰어. 그중 대표적인 것이 호남 지역에서 일어난 의병 항쟁을 진압한 거야. 호남 지역은 전라도 일대를 뜻하는데 정미의병이 일어날 당시 의병 항쟁이 가장 활발하게 일어난 곳이었어. 일본은 '남한 대토벌 작전'을 펼쳐 호남 지역의 의병을 뿌리 뽑으려 했지.

　　일본은 1909년 9월과 10월, 두 달 동안 호남 지역의 의병 항쟁을 진압했어. 호남 의병은 이에 맞섰지만, 최신식 무기로 무장한 일본군을 이길 수 없었지. 일본군은 마을을 샅샅이 뒤져 조금이라도 의심이 가는 사람들은 모조리 잡아들였어. 그 결과 수많은 의병이 일본군에 죽임을 당하거나 체포되었어. 의병 약 1만 8,000명이 죽고 2,000명이 넘는 사람들이 포로가 되었지. 하지만 이런 탄압에도 살아남은 의병들은 만주와 연해주로 이동해 일본에 대한 투쟁을 이어 갔단다.

◀ 남한 대토벌 작전으로 체포된 의병들

14

나라를 위해
모금 운동을 했다고?

"어머니, 황제 폐하께서도 담배를 끊고 모금에 참여하신다던데요?"

"우리도 반찬값을 아껴서 모금에 참여하자꾸나."

영선이 가족은 아껴 둔 돈으로 모금 운동에 참여하기로 했어. 영선이는 맛있는 간식을 못 먹는 것이 조금 아쉬웠지만, 나라를 위한 것이니 꾹 참기로 했지.

영선이와 어머니는 왜 모금 운동에 참여한 걸까?

1907년 2월 대구에서 모금 운동이 일어났어. 무엇 때문에 모금을 한 걸까?

당시 대한 제국은 일본에 많은 돈을 빌린 상태였어. 일본은 대한 제국을 근대화시킨다는 핑계로 우리나라에 일본을 위한 각종 시설을 지으며 그 비용을 부담시켰어. 그러면서 일본에 많은 빚을 지게 만들었지. 경제적으로 일본에 의지하도록 만들어 대한 제국을 점차 집어삼킬 속셈이었던 거야. 사람들은 일본의 간섭으로부터 벗어나려면 나라가 진 빚을 갚아야 한다고 생각했어.

대구의 사업가였던 서상돈은 사람들을 모아 놓고 이렇게 말했지.

"2,000만 동포 한 사람이 한 달에 20전씩 모은다면 3개월 안에 빚을 다 갚을 수 있습니다."

많은 사람이 모아 둔 돈을 내어 놓았어. 대구에서 시작된 이 모금 운동은 〈대한매

나라를 위해 함께 힘을 모읍시다!

일신보〉, 〈황성신문〉 등 여러 신문을 통해 전국에 알려졌지. 그러자 더 많은 사람들이 너도나도 나라가 진 빚을 백성의 힘으로 갚자는 운동에 참여했어. 이 운동을 '국채 보상 운동'이라고 해.

남자들은 국채 보상 운동에 참여하기 위해 술과 담배를 끊어 돈을 모았고, 영선이 어머니 같은 여자들은 살림의 씀씀이를 줄이거나 가지고 있던 금반지 등 귀중품을 팔아서 돈을 마련했어.

국내뿐만 아니라 해외에서도 참여가 이어졌지. 일본에 유학 가 있던 학생들이나 미국에 사는 사람들까지 돈을 모아 국내로 보냈어.

국채 보상 운동이 활발히 벌어지자 일본은 갖은 방법으로 훼방을

▲ 〈대한매일신보〉와 〈대한매일신보〉의 발행인 영국인 어니스트 베델

놓았어. 국채 보상 운동을 이끌었던 〈대한매일신보〉를 탄압했고, 모금된 돈을 관리하던 양기탁에게 누명을 씌워 체포했지. 이 사건으로 국채 보상 운동은 큰 타격을 입었어.

을사늑약 이후 사람들은 다양한 방법으로 국권을 지키려 했어. 의병처럼 무기를 들고 직접 일본에 맞서 싸우기도 했고 국채 보상 운동처럼 일본의 경제적 지배에서 벗어나려 노력하기도 했지. 우리 민족의 실력을 키워 일본에 맞서야 한다고 생각한 사람들도 있었어. 이들은 여러 계몽 단체를 만들고 학교를 세워 인재를 키우려고 했지. 나라의 산업을 발전시키기 위해 회사를 세우기도 했어. 의병 항쟁 외의 이런 모든 활동을 '애국 계몽 운동'이라고 해.

신민회가 벌인 실력을 기르기 위한 운동

신민회는 안창호와 양기탁, 이승훈 등이 중심이 되어 만든 단체야.

신민회는 민족의 실력을 길러 국권을 되찾는 걸 목표로 삼았어. 그래서 실력 있는 인재를 키우고자 평양과 정주에 대성 학교와 오산 학교를 세웠지. 평양에 회사를 만들어 경제 활동에도 나섰고, 태극 서관을 세워 출판 활동에도 힘썼어.

신민회는 무장 독립 운동 활동도 펼쳤어. 그래서 만주 삼원보라는 곳에 기지를 만들고 신흥 강습소(신흥 무관 학교)를 세워 독립군을 길러 냈지. 하지만 신민회의

신흥 강습소 설립
삼원보
오산학교 설립
정주
평양
태극 서관 운영
대성학교 설립
자기회사 운영
한양
(한성)

▲ 신민회의 활동

▲ 신민회를 조직한 안창호

비밀 활동은 오래가지 못했어. 1911년, 일본이 조선 총독 암살을 계획했다는 핑계로 많은 사람들을 잡아들였는데 그중에 신민회 회원이 있었던 거야. 잡혀간 신민회 회원들은 일본의 모진 고문과 협박을 받아야만 했어. 이 사건을 계기로 신민회는 해산되고 말았단다.

1866년

병인양요

1871년

신미양요

1863년

고종 즉위

1896년

1895년

고종이 러시아 공사관으로 망명
(아관 파천)

을미사변

1897년

1905년

대한 제국 선포

을사늑약 체결

1875년

운요호 사건

1876년

조선, 일본과
강화도 조약 체결

1882년

구식 군인들이
임오군란을 일으킴

1894년

동학 농민 운동이 일어남,
갑오개혁

1884년

급진 개화파가
갑신정변을 일으킴

1909년

안중근,
이토 히로부미 사살

1907년

헤이그 특사 파견

찾아보기

사진 저작권

* 이 책에 쓴 사진은 해당 사진을 보유하고 있는 단체와 저작권자의 허락을 받았습니다.

* 저작권자를 찾지 못해 사용 허락을 받지 못한 사진은 저작권자를 확인하는 대로 허락을 받고, 출처를 표시하며 통상의 사용료를 지불하겠습니다.

생각을 여는 **처음탄탄 한국사 07**

초판 1쇄 발행 2024년 11월 01일

글 김현숙　**그림** 곽진영
발행처 주식회사 스푼북　**발행인** 박상희　**총괄** 김남원
편집 길유진 김선영 박선정 이지은
디자인 정진희 권수아　**마케팅** 박병건 박미소
출판신고 2016년 11월 15일 제2017- 000267호
주소 (03993) 서울시 마포구 월드컵북로6길 88-7 ky21빌딩 2층
전화 02- 6357- 0050(편집) 02- 6357- 0051(마케팅)
팩스 02- 6357- 0052　**전자우편** book@spoonbook.co.kr

ⓒ 김현숙, 곽진영 2024
ISBN 979- 11- 6581- 556- 1 (73910)

제품명 생각을 여는 처음탄탄 한국사 07
제조자명 주식회사 스푼북 | **제조국명** 대한민국 | **전화번호** 02-6357-0050
주소 (03993) 서울시 마포구 월드컵북로6길 88-7 ky21빌딩 2층
제조년월 2024년 11월 01일 | **사용연령** 10세 이상
※ KC마크는 이 제품이 공통안전기준에 적합하였음을 의미합니다.

⚠주 의

아이들이 모서리에 다치지
않게 주의하세요.